Het beste Nederlandse elftal van alle tijden

Uitgeverij Eenvoudig Communiceren
Postbus 10208
1001 EE Amsterdam
Telefoon: (020) 520 60 70
Fax: (020) 520 60 61
E-mail: info@eenvoudigcommuniceren.nl
Website: www.eenvoudigcommuniceren.nl
Voor meer informatie over *Leeslicht*: www.leeslicht.nl

Auteur: Auke Kok
Redactie en bewerking: Eenvoudig Communiceren
Omslagontwerp en vormgeving: Neon, Amsterdam
Illustraties: Dik Bruynesteyn
Druk: Easy-to-Read Publications

Leeslicht is mede mogelijk gemaakt door Stichting Lezen & Schrijven
in samenwerking met Campina en JT International Company
Netherlands B.V.

Deze publicatie is mede tot stand gekomen door bemiddeling van
Sebes & Van Gelderen Literair Agentschap Amsterdam.

ISBN/EAN   978 90 8696 037 8
NUR   286

Auke Kok

Het beste Nederlandse elftal van alle tijden

leeslicht

Dit boek heeft het keurmerk Makkelijk Lezen.

Voorwoord

Al meer dan honderd jaar is er een Nederlands elftal
in Nederland.
Honderden voetballers hebben dus voor Oranje
gespeeld. En daar zaten een paar bijzonder goede
voetballers tussen.
Misschien heb je je wel eens afgevraagd hoe een
Nederlands elftal met alleen die allerbeste spelers
eruitziet. Een Nederlands elftal met de allerbeste
bondscoach.
Met zo'n elftal zouden we de beste voetballers van
de wereld hebben.

In dit boek lees je alles over de spelers en coach van
het beste Nederlandse elftal van alle tijden.
Je leest over superberoemde voetballers zoals Johan
Cruijff en Ruud Gullit. En over voetballers van lang
geleden. Maar ook over voetballers van de laatste
jaren.
Over elke speler lees je waarom hij zo'n bijzondere
voetballer is. En waarom hij een plek in het beste
Nederlandse elftal van alle tijden verdient.

Een Nederlands elftal van alle tijden

We gaan iets geks doen.
Iets wat absoluut niet kan.
Niet in het echt.
Toch doen we het.
Omdat het leuk is.
We stellen ons eigen Nederlands elftal samen.

Niet het elftal van nu.
Maar een Nederlands elftal van alle tijden.
De mannen in ons elftal hebben misschien nooit
samen gevoetbald.
Dat hoeft ook niet.
Het is een droomelftal.
Droomteams zie je vaak in sporten.
Het Ajax-elftal van alle tijden.
Het PSV van alle tijden.
Het beste wereldelftal van alle tijden.
Daar kun je eindeloos mee doorgaan.

De voetballers in dit elftal zijn van na 1945.
Uiteraard waren er voor 1945 al geweldige spelers.
Voetballers als Bep Bakhuys, de man van de
beroemde zweefduik.
Of Leen Vente. En Kick Smit.
Zelfs zo rond 1900 had je spelers die veel met een
bal konden.

Spelers met een brilletje.
Met keurig haar.
En van die broeken tot onder de knie.
Maar dan was de keuze nog lastiger geworden.
En die was nu al zo moeilijk.
Ik heb ook alleen voor *profvoetballers* gekozen.
Alle spelers in ons team zijn voetballer van beroep
geweest.
Of ze zijn het nog steeds.

De oudste die mag meedoen, is Cor van der Hart.
Geen plaats voor Abe Lenstra uit Friesland, vraag je
je af?
Helaas voor alle Friezen: nee.
Maar de dribbels van Lenstra waren een legende op
zich, zul je denken.
Of de passeeracties van Faas Wilkes.
Die mogen we toch ook niet missen?
Maar dat doen we toch.

De acties van Piet Keizer vraag je je af?
We doen het zonder Piet.
Coen Moulijn.
Nog een voetballer van topklasse.
Jammer dan.
Op hun plaats staat Rob Rensenbrink.
Bijgenaamd de slangenmens.
Hij is toch net iets beter.

Vindt de een.
Een ander vindt juist weer van niet.

Robin van Persie is natuurlijk de vreemdste naam in
dit elftal.
Die jongen moet zijn eerste grote prijs nog winnen!
Toch staat Van Persie erin.
Ons elftal moet ook een beetje van nu zijn,
nietwaar?
Vindt de een.
Een ander vindt juist weer van niet.
Laat die ander dan zijn eigen beste Nederlands
elftal van alle tijden maken.

Dit is **een** beste Nederlands elftal van alle tijden.
Dus niet **het** beste Nederlands elftal van alle tijden.
Het is **mijn** beste Nederlands elftal van alle tijden.

Auke Kok

Het beste Nederlandse elftal van alle tijden

De posities

Bondscoach: Michels

Keeper: Jongbloed
Rechtsback: Gullit
Centrale verdediger: Van der Hart
Centrale verdediger: De Boer (Frank)
Linksback: Krol
Rechter middenvelder: Rijkaard
Centrale middenvelder: Cruijff
Linker middenvelder: Van Hanegem
Rechtsbuiten: Van Persie
Centrumspits: Van Basten
Linksbuiten: Rensenbrink

Rinus Michels,
de generaal

Geboren: 1928, Amsterdam
Overleden: 2005, Aalst
Toptijd: (als trainer) 1968-1974; 1986-1988; 1991-1992
Clubs: Ajax
Positie beste Nederlandse elftal van alle tijden:
bondscoach

Rinus Michels is de beste bondscoach die het
Nederlands elftal ooit heeft gehad.
Hij noemde voetbal oorlog en voetballers soldaten.
Toch was hij eigenlijk een aardige man.

Jeugd

Het leukst zijn de oude foto's van Rinus Michels.
De plaatjes uit zijn jeugd.
De jaren veertig en vijftig van de vorige eeuw.
In zwart-wit zie je een jongen vol levenslust.
Zijn haar in een kuifje.
Michels was charmant en vol goede moed.
Brutaal maar aardig.
Voetballer van Ajax en vijf keer in Oranje.

Lui

Michels was een beetje een 'luie' voetballer.
Hij nam het voetbal ook niet zo serieus.
Hij hield van het leven.
Dat zag je aan z'n ogen.
Hij deed liever andere dingen dan werken.

Leraar

Toen Michels stopte met voetballen, werd hij leraar op een school.
Een school voor dove kinderen.
Iedereen kende hem als die aardige leraar.
In december speelde hij altijd voor Sinterklaas.
Kinderen waren dol op hem.

Trainer

Maar toen werd Michels voetbaltrainer.
Eerst bij een amateurclub. Later bij Ajax.
Bij spelers die hij nog kende van vroeger.
Die zeiden: 'Hé Rinus! Jij hier?'
Dat was soms lastig. De baas spelen over mensen die je als een goede vriend zien.
Dus wat deed Rinus Michels: hij werd meneer Michels.

Baas

De vrolijke Michels deed een masker voor.
Het masker van meneer Michels.
Ook voor oude vrienden was hij nu de baas.
Een baas met harde regels.
Alles moest professioneel. Serieus.

Op tijd

Michels wilde alles anders.
De spelers van Ajax moesten voortaan op tijd zijn.
Stipt op tijd in de kleedkamer.
Op tijd bij een bespreking voor een wedstrijd.

Op tijd naar bed.
Overal op tijd.

Straf
Wie niet op tijd was, kreeg straf.
Dat waren de spelers niet gewend.
Was dat nou die leuke Rinus?
Michels was helemaal niet meer leuk.
Meneer Michels gaf boetes aan spelers, als zij zich
niet aan de regels hielden.
En verder zei hij heel weinig.

Laatkomer
Op een dag kwam een speler te laat.
Ze gingen de volgende wedstrijd bespreken.
Michels zag de speler binnenkomen.
Hij zei niets.
Hij pakte een wisser en liep naar het schoolbord.
Op dat bord stonden de namen van de opstelling.
Zwijgend veegde hij de naam van de laatkomer uit.
Hij schreef een andere naam op.
Nu wist de laatkomer dat hij niet mocht meedoen.

De Generaal
Michels gebruikte vaak het woord oorlog voor een
voetbalwedstrijd.
Met voetballers als soldaten.
De spelers moesten een team vormen.
En zich aan hun opdrachten houden.

Dan konden ze de vijand verslaan.
Daarom werd Michels De Generaal genoemd.

Nare klus

Eigenlijk voelde Michels zich er helemaal niet zo prettig bij.
Soldaten maken van voetballers was een nare klus.
Straffen, boetes uitdelen.
Altijd maar de baas spelen over spelers die hij eigenlijk graag mocht.
Daarom zuchtte De Generaal ook zoveel.
Maar het moest nu eenmaal gebeuren.
Door aardig te zijn werd je geen kampioen, vond Michels.

Zingen

Maar soms verscheen ineens de leuke Rinus weer.
Dan begon hij plotseling te zingen.
Dan glansden zijn ogen.
En was hij weer even de aardige jongen van vroeger.
Dan waren zijn spelers even weer mensen voor hem.
Geen soldaten. Geen mannen die hun tegenstanders moesten afmaken.

Beroemd

Michels werd wereldberoemd als coach.
Met Ajax en het Nederlands elftal won hij prijzen.
De hele wereld vond hem fantastisch.
Hij was de man die het voetbal vernieuwde.

De trainer die zijn spelers als soldaten liet vechten.
De coach van Johan Cruijff, Ruud Gullit en Marco van Basten.

Vriendelijker
Op latere leeftijd werd Michels vriendelijker.
Niet meer zo streng en nors als vroeger.
Maar hij bleef wel een beetje boos kijken.
Alsof hij dat masker toch niet helemaal af durfde te doen.
Niet als hij aan het werk was.
Thuis was hij een vriendelijke man die veel lachte.

Eenzaam
In de voetbalwereld was en bleef hij een meneer.
Een beetje een eenzame meneer.
Een generaal.
Nooit meer de sinterklaas van vroeger.
Nooit meer de aardige man.

Dood
We zullen nooit weten of Michels echt ongelukkig was als generaal.
Hij heeft daar nooit iets over gezegd.
En dat zal hij ook niet meer doen.
In 2005 ging hij dood.
Hij was toen 77 jaar.

Jan Jongbloed,
een bijzondere keeper

Geboren: 1940, Amsterdam
Toptijd: 1974-1978
Clubs: DWS, DWS/A, FC Amsterdam, Roda JC,
Go Ahead Eagles
Positie beste Nederlandse elftal van alle tijden:
keeper

Jan Jongbloed was een bijzondere keeper.
Hij speelde niet alleen met zijn handen. Maar ook met zijn voeten.
En als het nodig was, hielp hij zelfs mee met aanvallen.

Voeten

Jan Jongbloed was een vreemde keeper.
Eigenlijk kon je hem geen keeper noemen.
Want keepers doen alles zo veel mogelijk met hun handen.
En Jan Jongbloed niet.
Die gebruikte vaak zijn voeten.
Mensen keken daar van op.
Waarom vangt hij die bal niet gewoon?
Waarom doet hij of hij een *veldspeler* is?

Veldspeler

Gewone keepers zijn al op jonge leeftijd keeper.

Omdat ze niet goed kunnen voetballen, gaan ze in het doel staan.
Want anders mogen ze niet meedoen met de rest.
Maar Jongbloed was tot zijn zestiende veldspeler.
Sterker nog: hij was linksbuiten.
Hij was snel. En had een goede techniek.

Nog leuker

Jongbloed ging keepen omdat het hem nog leuker leek. Niet omdat hij geen goede veldspeler was.
Juist daarom werd hij zo'n goede keeper.
Want hij bleef als keeper altijd een beetje een veldspeler.
Als een tegenstander zijn kant op kwam, rende Jongbloed zijn doel uit.
Soms tot ver buiten het *strafschopgebied.*
Dan trapte hij de bal snel weg.
En vaak ook nog keurig naar een medespeler.
Dat had hij vroeger als linksbuiten zo vaak gedaan.

WK 1974

Niemand kon zo snel uitlopen als Jongbloed.
En zo goed mee voetballen met de verdediging.
Daarom mocht Jongbloed meedoen aan het WK van 1974.
Voor Jongbloed was het een droom die uitkwam.

Ervaring

Maar veel mensen vonden dat Jongbloed niet op het WK moest spelen.

Jongbloed had bijna nog nooit in het Nederlands elftal gespeeld!

Er waren betere keepers dan hij, vonden ze.

In zo'n belangrijk toernooi moesten toch juist de spelers uit de beste clubs meedoen?

Jan Jongbloed had meestal in middelmatige ploegen gespeeld.

Niet bij topclubs als Ajax en Feyenoord.

Winkel

Veel mensen vonden Jongbloed ook vreemd.

Zo was hij niet alleen voetballer van beroep.

Hij had ook nog een sigarenwinkel.

Als Jongbloed niet voetbalde, dan stond hij in zijn winkel.

En dat was gek: een voetballer met een tweede baan.

Communist

Wat ook vreemd was: Jongbloed was communist.

Hij vond dat iedereen evenveel moest verdienen.

Zodat er niet zulke grote verschillen waren tussen arme en rijke mensen.

Jongbloed was vroeger zelf ook arm.

Hij was opgegroeid in Amsterdam-West.

Daar woonden veel arme mensen.
Jongbloed hoopte dat de arme mensen een beetje
rijker zouden worden.

Anders

Jongbloed was dus anders dan andere voetballers.
Hij hoefde niet rijk te worden van voetbal.
En hij wilde in zijn sigarenwinkel blijven werken.
Andere spelers van Oranje wilden juist wel veel geld
verdienen.
En zij hadden alles voor het voetballen over.

Aanvallen

Toch wilde bondscoach Michels graag dat
Jongbloed meedeed aan het WK.
Zelfs al was Jongbloed anders.
Michels wilde namelijk iets bijzonders proberen.
Hij wilde dat het hele elftal ging aanvallen.
Daarmee wilde hij de tegenstanders verrassen.
Ook de verdedigers moesten van de trainer
aanvallen.
En Jongbloed was een keeper die ook goed kon
aanvallen.

Missen

Jongbloed deed het goed op het WK.
Nederland won bijna alle wedstrijden.
Maar hierdoor duurde het toernooi ook lang.

Te lang voor Jongbloed.
Hij was vijf weken van huis.
Hij miste zijn vrouw. En zijn sigarenwinkel.

Naar huis

In de *finale* speelde Nederland tegen West-
Duitsland.
Het bleef spannend tot de laatste minuut.
Maar Nederland verloor de finale uiteindelijk
met 2-1.
De tien veldspelers vonden het vreselijk dat de
wedstrijd was afgelopen.
Maar Jongbloed vond het eigenlijk wel best.
Hij kon eindelijk naar huis.

Vier jaar later

Vier jaar later, in 1978, stond Jongbloed weer in de
WK-finale.
Nog steeds had hij zijn winkel.
Dat maakt Jan Jongbloed anders dan alle andere
keepers.
De enige winkelier die twee keer in een WK-finale
stond.
Een bijzondere prestatie.
Daarom staat hij in het doel van het Nederlands
elftal aller tijden.

Ruud Gullit,

een voetballer die zich overal thuis voelde

Geboren: 1962, Amsterdam
Toptijd: 1982-1997
Clubs: HFC Haarlem, Feyenoord, PSV Eindhoven,
AC Milan, Sampdoria, Chelsea
Positie beste Nederlandse elftal van alle tijden:
rechtsback

Ruud Gullit is de enige speler van het Nederlands elftal aller tijden die op iedere positie zou kunnen spelen.

Hij speelde overal even goed. En hij vond het ook leuk om op verschillende plekken te spelen. Gullit liet zich niet vastzetten. Niet als voetballer en niet als mens.

Verschillende posities
Als tiener speelde Gullit bij HFC Haarlem als centrale verdediger.

Als dertiger deed hij hetzelfde bij Chelsea, in Londen.

In de jaren daartussen speelde hij rechtsbuiten, middenvoor en centraal op het middenveld.

Vaak speelde hij tijdens een wedstrijd ook nog op de plek van linksbuiten.

Of linkshalf. Of *linksback*.

Gullit wist altijd wat hij moest doen.

Hij vond iedere plek goed.

Thuis

Ook als mens voelde Gullit zich op verschillende
plekken thuis.
Hij werd geboren in Amsterdam.
Was hij daardoor een Nederlander? Niet helemaal.
Zijn vader was geboren in Suriname.
Was Gullit daardoor een Surinamer? Ook niet, zijn
moeder was een Nederlandse.
Als je hem vroeg, wat hij zich voelde, dan zei hij:
Amsterdammer.

Muzikant

Als je Gullit vroeg wat hij het liefste was geworden,
dan zei Gullit: muzikant.
Geen voetballer.
Terwijl Gullit in 1987 en 1988 een van de beste
voetballers van de wereld was.
Maar Gullit had meer lol als hij muziek maakte.
Muziek maakte zijn hoofd leeg.
Gullit speelde ook wel eens mee met een
reggaeband.
Hij nam plaatjes op. En scoorde zelfs een paar hits.

Held

Als je Gullit vroeg wie zijn held was, dan noemde hij
ook geen voetballer.
Hij noemde Nelson Mandela.
Mandela zat in die tijd in de gevangenis.

Omdat hij opkwam voor de rechten van zwarte mensen in Zuid-Afrika.

Gullit steunde Mandela.

En deed mee aan acties om Mandela vrij te krijgen.

Mandela kwam vrij. En Gullit mocht hem ontmoeten.

Daar was Gullit enorm trots op.

Europees kampioen

Tijdens het EK 1988 was Gullit de *aanvoerder* van het Nederlands elftal.

Hij wilde Europees kampioen worden.

Maar eigenlijk was hij uit *vorm*.

Iedereen was teleurgesteld.

Gullit moest de ster van het EK worden.

En dat werd hij uiteindelijk ook.

Niet door zelf heel goed te spelen.

Maar door hard te werken en anderen in zijn team te helpen.

Hij dacht vooral aan de anderen.

Huiskamer

Tijdens het EK lag er veel druk op Gullit.

Toch was hij niet zenuwachtig.

Of hij liet het niet merken. Dat komt in topsport op hetzelfde neer.

Voor Gullit was de hele wereld als zijn huiskamer.

Overal voelde hij zich thuis.

Bij elk publiek speelde hij even goed.
Of er nou voor hem gejuicht werd of gefloten.

Aardig

Gullit was ook een van de aardigste voetballers.
Nooit deed hij iets terug als een andere speler hem liet struikelen.
Dan stond hij gewoon op.
Alsof er niets aan de hand was.
Gullit was ook aardig omdat hij niet snel onder de indruk was.
Niet van dure mensen of van dure gebouwen.

Heel goed

Gullit was wel onder de indruk van zichzelf.
Hij vond zichzelf een heel goede voetballer.
En dat was hij ook.
Hij was geweldig goed.
En bleef tot het eind fantastisch goed voetballen.
Zijn laatste club Chelsea had al jaren niets meer gewonnen.
Maar toen Gullit erbij kwam wonnen ze ineens.
Ze wonnen zelfs de Engelse beker.

Cor van der Hart,
een voetballer die voor niemand bang was

Geboren: 1928, Amsterdam
Overleden: 2006, Amsterdam
Toptijd: 1950-1960
Clubs: Ajax, Lille OSC, Fortuna '54
Positie beste Nederlandse elftal van alle tijden:
centrale verdediger

Cor van der Hart was een goede verdediger.
Hij was groot en sterk.
Zijn teamgenoten vonden hem geweldig.
Maar tegenstanders waren juist bang voor hem.
Want zijn stem was rauw. En af en toe zei hij heel
onaardige dingen.

Lange bal

Van der Hart kon de bal in een keer naar voren
trappen.
Weinig verdedigers konden dat zo goed als hij.
Mensen noemden Van der Hart daarom de man van
de lange bal.
Die lange ballen maakten hem bijzonder.

Zwak moment

Maar Van der Hart had soms ook een zwak moment.
Daar stond hij ook om bekend.
De bal zomaar een eind wegschoppen, dat haatte
hij.

Dan maar de bal naar een medespeler trappen.
Ook als hij niet helemaal zeker wist dat het goed
zou aflopen.
En natuurlijk liep het wel eens fout af.
Dat noemden ze dan een zwak moment van Cor.

Geld
Van der Hart was voor niemand bang.
Toen hij 22 jaar was, wilde hij geld verdienen met
voetbal.
Hij speelde al vijf jaar bij Ajax.
Voor niks.
Veel mensen vonden het raar dat Van der Hart geld
wilde.
In Nederland werd toen geen enkele voetballer
betaald.

Frankrijk
Daarom ging Van der Hart in Frankrijk spelen.
Bij een profclub in Lille.
In Frankrijk kregen voetballers wel betaald.
Veel Nederlanders vonden het een schande.
Voetballen voor geld, dat hoorde je niet te doen.

Beter
Voor straf mocht Van der Hart niet in het
Nederlands elftal spelen.
Dat vond Van der Hart niet erg.

In Frankrijk werd toch beter gespeeld dan in Nederland.
En dat vond Van der Hart fijn.
Hij ging er zelf ook beter door voetballen.
Zijn zwakke momenten kwamen minder vaak voor.
Maar zijn lange ballen hield hij.

Michels

Van der Hart haalde Rinus Michels ook naar Frankrijk.
Michels was een van zijn beste vrienden.
Ze hadden samen bij Ajax gespeeld.
Van der Hart wilde Michels helpen.
Als Michels in Nederland bleef, moest hij namelijk naar het leger.
In die tijd was er nog dienstplicht, elke man moest verplicht een tijd in het leger zitten.
En dat wilde Michels niet.
Als hij in Frankrijk zat, hoefde hij niet naar het leger.

Lening

Van der Hart hielp Michels ook op een andere manier.
Hij leende hem geld.
Maar Michels betaalde het niet terug.
Hij moest al snel weer terug naar Nederland.
Omdat hij toch naar het leger moest.

Terug

Na vijf jaar ging Van der Hart ook terug naar Nederland.

Want eindelijk werd betaald voetbal hier toen ook gewoon.

Dat moest wel.

Alle goede voetballers waren namelijk naar het buitenland gegaan. Want daar kregen ze wel betaald.

En het Nederlands elftal stelde zonder die profvoetballers niet veel voor.

De meeste wedstrijden werden verloren.

Toen Van der Hart weer in Nederland was, ging hij voor Oranje spelen.

Net als de meeste profvoetballers die eerst in het buitenland zaten.

Ruzie

Van der Hart had nog een reden om terug te gaan naar Nederland.

Hij had ruzie gekregen in Frankrijk.

Hij wilde namelijk meer geld verdienen.

En dat wilden de Fransen hem niet geven.

Veel

Van der Hart voetbalde nog zeven jaar in Nederland.

In die tijd speelde hij 44 interlands.

Dat is veel.

Zeker omdat Van der Hart toen al in de dertig was.
En dus oud was voor een voetballer.

Trainer
Jaren later werd Van der Hart trainer.
Toen raakte hij verslaafd aan de drank.
Toch werd hij in 1974 nog de assistent van Michels
tijdens het WK.
Michels was toen de bondscoach van het
Nederlands elftal.
Het leek Van der Hart geweldig om samen met zijn
oude vriend Oranje te coachen.

Dronken
Maar er gebeurde iets vreselijks op het WK.
Op een avond had Van der Hart te veel gedronken.
En van alle alcohol was hij driftig geworden.
Hij had zelfs mensen aangevallen. Dat kon hij als
assistent van de bondscoach niet doen.
En daarom werd hij naar huis gestuurd.

Geen uitnodiging
Toen Oranje tweede werd, kon Van der Hart niet
meefeesten.
Alle spelers en de trainers mochten op bezoek bij de
koningin.
Alleen Van der Hart niet. Hij kreeg geen uitnodiging.
Ze deden alsof hij niet bestond.

Vriendschap

Michels bleef wel zijn vriend.

Ook toen ze allang niets meer met voetbal te maken hadden.

Michels zei nooit meer iets over het WK in 1974.

En Van der Hart is nooit meer begonnen over het geld dat hij nog van Michels kreeg.

Ze speelden samen een spelletje kaart.

En dronken een borrel.

Frank de Boer,
*een voetballer die Man of the Match werd,
samen met zijn broer*

Geboren: 1962, Amsterdam
Toptijd: 1988-2003
Clubs: Ajax, FC Barcelona, Galatasaray, Glasgow
Rangers, AL-Rayyan, AL-Shamal
Positie beste Nederlandse elftal van alle tijden:
centrale verdediger

Wie aan Frank de Boer denkt, denkt ook Ronald de
Boer.
De broers De Boer waren de beroemdste
voetballende tweeling die Nederland ooit heeft
gehad.
Toch is Frank de Boer net iets beroemder dan zijn
broer.

Samen
Eind jaren tachtig kwam de tweeling Ronald en
Frank de Boer in het nieuws.
Ze deden iets heel bijzonders.
Met een jeugdelftal van Ajax wonnen ze alle
wedstrijden.
Ze versloegen de ene profclub na de andere.
Ze haalden zo de kwartfinale van de KNVB-beker.
En ze werden samen uitgeroepen tot Man of the
Match.
Nog nooit werd een tweeling Man of the Match.

Beroemd

Ronald en Frank waren meteen populair.

Omdat ze heel gewone jongens waren.

Nog niet verwend met miljoenen euro's. En met grote bekers.

Ze werden beroemd.

Maar Frank werd net iets beroemder dan Ronald.

Toch kon Ronald net zo goed voetballen als Frank.

Misschien wel beter ...

Plek

Maar Frank had de mazzel dat hij zijn plek vond.

De plek waar hij kon uitblinken.

De aanvaller Frank werd linksback.

Ronald speelde niet op een vaste plek.

Hij bleef aanvaller. Maar hij werd ook middenvelder.

De ene keer dit en de andere keer dat.

Door het steeds wisselen van plek kon Ronald niet zo goed worden.

Niet zo goed als Frank.

Heel goed

Maar Ronald was toch een heel goede voetballer.

Zo speelde hij in het Nederlands elftal de mooiste wedstrijden.

Zijn techniek was goed.

En hij deed zijn best.

Hij voetbalde heel bijzonder.

WK 1998

In 1998 zorgde Ronald ervoor dat Nederland naar de
halve finale kon.
Nederland speelde tegen Argentinië.
En Ronald deed iets heel moois.
Hij gaf een slimme voorzet. Dwars door de
verdediging van Argentinië heen.
En Bergkamp kopte de bal naar Patrick Kluivert.
En Kluivert schoot de bal in het doel.
Nederland had gescoord.
En dat kwam door die mooie *voorzet* van Ronald.

Verdediger

Toch heeft niemand het meer over Ronald de Boer.
Wel over Frank de Boer.
Frank was een speciale verdediger.
Een verdediger die beter kon voetballen dan zijn
tegenstanders.
Hij kon de bal heel precies naar een medespeler
schoppen.
Of hij rende zelf naar voren.
Zo maakte hij veel doelpunten.
Uit vrije trappen. Of door een bal te koppen.

Fantastisch

Dat iedereen nog steeds over Frank de Boer praat, komt door het WK in 1998.

Tijdens het WK, in de kwartfinale, deed Frank de Boer iets fantastisch.

Frank zag dat Dennis Bergkamp naar voren was gerend.

En toen gaf Frank de bal een enorme trap.

Niet wild, maar heel precies.

Zijn linkerbeen ging naar achteren, heel ontspannen.

Ontspannen

Het was heel bijzonder dat Frank zo ontspannen was.

Want het was een heel belangrijke wedstrijd.

Het stadion was helemaal vol.

En miljoenen mensen volgden de wedstrijd op tv.

En het was ook nog eens vlak voor tijd, met een stand van 1-1.

Alle reden tot zenuwen.

Maar Frank de Boer gaf de bal een schop.

En hij kwam vijftig meter verder terecht.

Precies voor de voeten van Bergkamp.

En Bergkamp scoorde.

Beste vrienden

Iedereen had het in 1998 over de actie van Frank.

En niemand over die van Ronald.

Niet dat Ronald dat erg vond.

Lof voor hem of voor Frank: eigenlijk kwam het op hetzelfde neer.

De tweeling bleef altijd de beste vrienden van elkaar.

En van het publiek.

Want ze zijn altijd gewoon gebleven.

Terwijl ze nu wel miljoenen euro's hebben.

En grote bekers hebben gewonnen.

Ruud Krol,

een voetballer die een kralenketting droeg

Geboren: 1944, Amsterdam
Toptijd: 1970-1984
Clubs: Ajax, Vancouver Whitecaps, SSC Napoli,
AS Cannes
Positie beste Nederlandse elftal van alle tijden:
linksback

Ruud Krol heeft heel hard moeten werken voor
zijn succes.
Maar toen hij eenmaal profvoetballer was, was hij
heel populair. Vooral bij de meisjes.

Mini-jurkje
Tot Ruud Krol zagen Nederlandse profvoetballers er
netjes uit.
Ze hadden kort haar.
En hun shirt zat netjes in hun broekje.
Zo rond 1970 kwam Ruud Krol. En die liet zijn haar
groeien.
Zijn shirt hing uit zijn broek, als een mini-jurkje.
Om zijn nek hing een ketting van kralen.

Hippie
Krol zag er een beetje uit als een meisje.
Hij was een hippie.
En in die tijd was het stoer om er als een hippie uit
te zien.

Cool en brutaal.
Net als popsterren in die tijd.

Indruk

Aan alles zag je dat Krol indruk wilde maken.
Met zijn stoere lijf. En met zijn lange haar.
Op iedereen wilde hij indruk maken, maar vooral op
de meisjes.
En dat lukte.
Ruud Krol was heel populair bij de meisjes.
Vanuit heel Nederland ontving hij fanmail van
meisjes die met hem uit wilden.
Dat zag je aan zijn trotse houding.

Ziek

Toch was Ruud Krol niet altijd zo stoer.
Als jongetje was hij veel ziek geweest.
Hij moest zelfs twee jaar naar een sanatorium.
Daar gingen vroeger heel zieke mensen heen.
Een sanatorium lag meestal in de natuur.
Door de frisse lucht en de rust konden de mensen
weer beter worden.

Voetballen

Langzaam werd Ruud Krol beter.
En na een tijd voelde hij zich zo gezond dat hij
begon met voetballen.
En dat ging heel goed.

Met zijn rechterbeen dan. Want Krol trapte minder
goed met links.
Daarom oefende hij elke dag op links.
Want Ruud Krol wilde profvoetballer worden.

Beloning

Het oefenen van Krol werd beloond.
Op zijn twintigste speelde hij bij Ajax en bij
Oranje.
Maar zijn beloning kwam pas echt op het WK
in 1974.
In de halve finale.
In die spannende wedstrijd tegen Brazilië deed hij
waarop hij zo lang had geoefend.
Hij gaf een perfecte voorzet met zijn linkerbeen.
En Johan Cruijff kon scoren.
Het was 2-0.
Nederland schakelde Brazilië uit.

Bereikt

Ruud Krol had veel bereikt.
Hij had het van zieke jongen tot profvoetballer
geschopt.
Van een rechtsbenige voetballer tot een tweebenige
voetballer.
En winnaar van heel veel wedstrijden.
Hij speelde zelfs in twee WK-finales.
Daarom was hij soms hard voor jongere spelers.

Hij vond dat ze ook moesten werken voor hun succes.

Jonge voetballers

Krol wilde jonge voetballers helpen.
Hij liet ze de juiste *tackles* zien.
En hoe ze een bal moesten afpakken.
Hij gaf ze het goede voorbeeld. Binnen het veld en daarbuiten.
En medelijden kregen ze niet van Krol.
Soms lette zo'n jonge speler niet goed op.
Dan begon Krol vreselijk te schelden.
Of hij gaf zo'n jongen gewoon een klap.
Dat vond hij een goede straf voor iemand die niet oplette.

Gedragen

De jongere spelers vonden Krol vervelend.
Maar ze keken ook enorm tegen hem op.
Door Krol leerden jongens zich als een man te gedragen.
Een prof moest tegen een stootje kunnen.
Krol was nergens bang voor, dus waarom zouden zij dat wel zijn?

Invloed

Krol heeft heel veel invloed op jonge voetballers gehad.

Allemaal jongens die later als Krol gingen doen.
Wel droegen zij het shirt gewoon in hun broek.
En meestal gingen ze ook op tijd naar de kapper.
Want een voetballende hippie maak je maar één
keer mee.

Frank Rijkaard,

een voetballer die wordt herinnerd om zijn spuug

Geboren: 1962, Amsterdam
Toptijd: 1982-1995
Clubs: SC Buitenveldert, Blauw-Wit, DWS, Ajax,
Sporting Clube de Portugal, Real Zaragoza,
AC Milan.
Positie beste Nederlandse elftal van alle tijden:
rechter middenvelder

Frank Rijkaard was een fantastische voetballer.
Toch denken mensen bij zijn naam niet meteen aan
voetbal.

Spuug
Bij de naam 'Frank Rijkaard' denken veel mensen
aan spuug.
Rijkaard spuugde op het WK van 1990 naar een van
zijn tegenstanders.
Het waren flinke klodders.
En ze vlogen goed zichtbaar door de lucht.
Zelfs op tv waren ze nog goed te zien.
En op foto's in alle kranten en tijdschriften.
De hele wereld zag Rijkaard spugen.

Eigen schuld
Rijkaard had pech dat iedereen hem zag spugen.
Maar het was wel z'n eigen schuld.
Had hij maar niet moeten spugen.

Niet tijdens de wereldkampioenschappen voetbal.
Daar kijken zoveel mensen naar.
Dat wist Rijkaard best.
Hij was een 27-jarige *international* met miljoenen
op de bank.
Een voetballer met ervaring.
Niemand had verwacht dat Rijkaard zoiets zou
doen.
Niet van die aardige man met die zachte stem.

Spanningen
Maar op die dag in 1990 voelde Rijkaard zich
anders dan normaal.
Rijkaard had last van de spanningen.
Spanningen tussen de spelers.
Tussen de spelers en de trainer.
Tussen de trainer en zijn chef.
De trainer was Leo Beenhakker.
Zijn chef was Rinus Michels.
Michels was technisch directeur van de KNVB.
Beenhakker en Michels wilden allebei de baas
spelen.
Van Rijkaard hoefde dat niet.
Dat gedoe van: wie is hier de baas?

Naar
Er was nog meer dat tegenzat.
Een paar journalisten deden vervelend.

En zelfs de gebouwen waarin ze trainden waren naar.

Koud en akelig.

Rijkaard zou er later rillend aan terugdenken.

Net als de andere spelers.

Niets was goed.

Niet voor het Nederlands elftal dat zoveel had verwacht van dit WK.

Niet goed

Oranje was in 1988 Europees kampioen geworden.

En veel mensen dachten dat ze nu wereldkampioen zouden worden.

Ook de spelers van Oranje hadden het verwacht.

Sommigen deden zelfs alsof ze al wereldkampioen waren.

Maar eigenlijk speelde Nederland niet zo goed.

Het WK was een teleurstelling.

Duitsland

De wedstrijd waarin Rijkaard naar een tegenspeler spuugde, ging helemaal slecht.

En de tegenstander was ook nog eens het Duitse team.

Nederland wilde altijd van Duitsland winnen.

Dat had nog met *Tweede Wereldoorlog* te maken.

Maar ook met de manier waarop de Duitsers speelden.

Völler

Een van de Duitse spelers waar Nederland een hekel aan had was Völler.
Völler was een aanvaller.
Hij liet zich vaak expres vallen.
Om vrije trappen te krijgen.
Ook als een Nederlander niets ergs had gedaan.
Dan hoopte Völler dat de scheidsrechter hem geloofde.

Tegenzin

Frank Rijkaard moest Völler uitschakelen.
Maar Rijkaard wilde dat eigenlijk niet.
Hij wilde liever zelf aanvallen.
Maar hij had het beloofd.
Dus liep hij met tegenzin achter Völler aan.

Schop

Al vroeg in de wedstrijd deed Völler het weer.
Hij deed net of hij een vreselijke schop had gekregen.
Van Rijkaard.
Völler lag op de grond. En deed alsof hij heel veel pijn had.

Niet inhouden

Toen Völler eindelijk opstond, kon Rijkaard zich niet
inhouden.
Alle spanningen waar hij last van had kwamen
eruit.
In een klodder spuug
De spanningen in en rond de spelersgroep.
Het slechte spel van Nederland.
De vervelende journalisten.
Dat spuugde hij naar het krulhaar van Völler.

Rode kaarten

Rijkaard en Völler werden beiden uit het veld
gestuurd.
Ze kregen allebei een rode kaart.
De rode kaart voor Rijkaard was terecht.
Die voor Völler niet.
Völler had niets gedaan.
Hij had zich alleen een beetje aangesteld.

Uitgelokt

Maar veel mensen dachten dat Völler het had
uitgelokt.
Ze dachten dat hij iets tegen Rijkaard had gezegd.
Iets waardoor Rijkaard zo boos werd.
Iets racistisch!, dachten ze.
Want Rijkaard was donker.
Hij had een Surinaamse vader.

Sportief

Rijkaard zelf heeft Völler nooit de schuld gegeven.
Volgens hem heeft Voller niets over zijn kleur
gezegd.
Rijkaard schaamde zich alleen maar voor zijn
gespuug.
Dat was sportief van hem.
Want heel Nederland zou Rijkaard hebben geloofd
als hij had gezegd: 'Völler schold mij uit!'

Foto

Jaren na de klodder spuug gingen Völler en Rijkaard
samen op de foto.
Voor een reclame.
Als vrienden zaten ze aan het ontbijt, in een badjas.
De zon scheen op hun croissantjes en eitjes.
Ze glimlachten.
Het was een mooi beeld.
Het beeld zei: 'Konden alle mensen het maar weer
goedmaken na een ruzie.'
Want Rijkaard en Völler hadden het inmiddels goed
gemaakt.

Herhaald

Rijkaard en Völler hoopten zo ook dat de klodder
spuug vergeten zou worden.
Ze wilden er niet steeds aan herinnerd worden.
Maar niemand zou het vergeten.

Alles werd steeds herhaald.
Op televisie, in de krant, op internet.
Nu nog.
Daarom denken mensen bij de naam 'Frank
Rijkaard' niet eerst aan zijn geweldige spel.
Of aan de keer dat hij Europees Kampioen werd met
het Nederlands elftal.
De mensen denken bij de Rijkaard aan spuug
En dat zullen ze wel altijd blijven doen.

Johan Cruijff,

een voetballer die nooit zal worden vergeten

Geboren: 1947, Amsterdam
Toptijd: 1964-1984
Clubs: Ajax, FC Barcelona, Washington Diplomats,
Los Angeles Aztecs, Levante, Feyenoord
Positie beste Nederlandse elftal van alle tijden:
centrale middenvelder

Mensen zeggen vaak dat Johan Cruijff een
wonderkind was.
Alsof Cruijff als kind veel beter kon voetballen dan
alle anderen.
En daarna vanzelf een topper werd.
Maar zo makkelijk ging het niet.
Vraag dat maar aan Gerrie Splinter.
Gerrie wie? Precies, niemand kent hem nog.
Dat had heel anders kunnen lopen.

Even goed
Gerrie Splinter en Johan Cruijff speelden samen in
de jeugdelftallen van Ajax.
En ze waren allebei even goed.
Ze maakten allebei veel doelpunten voor Ajax.
En daarom speelden ze twee wedstrijden tegelijk.
Wedstrijd 1: met hoeveel doelpunten verschil
winnen we van de tegenstander. Wedstrijd 2: wie
van ons tweeën maakt de meeste goals.
De twee aanvallers waren het meest bezig met
wedstrijd 2.

Verandering

Gerrie Splinter was dus een heel goede voetballer.
En toch kent iedereen alleen Cruijff.
En alleen vrienden en familie van Splinter kennen
Splinter.
Hoe komt dat?
Toen Splinter en Cruijff ongeveer zestien jaar waren
veranderde er veel.
Splinter ging veel naar de kroeg.
En hij voetbalde steeds minder vaak.
Cruijff was juist meestal op het trainingsveld te
vinden.
Hij was altijd aan het oefenen.

Kritiek

Cruijff en Splinter gingen ook allebei heel anders
om met kritiek.
Splinter kon er niet goed tegen. Hij ging er minder
goed door spelen.
Terwijl Cruijff juist heel goed tegen kritiek kon.
Hij ging dan extra zijn best doen.
En Splinter kon ook niet goed tegen de spanning bij
een wedstrijd.
Terwijl Cruijff dan juist beter ging voetballen.
Zo werd Cruijff steeds beter. En Splinter steeds
slechter.
Cruijff kreeg een contract bij Ajax.
Splinter niet. Hij ging andere dingen doen.

Tien jaar later

Splinter en Cruijff zagen elkaar daarna jaren niet.
Pas tien jaar later zagen ze elkaar weer.
In de lente van 1974, vlak voor het WK.
Cruijff speelde in het Nederlands elftal.
En Splinter in het nationale amateurelftal.
Ze speelden een wedstrijd tegen elkaar.
En het elftal van Splinter won die wedstrijd.

Winnen

Het was een van de weinige wedstrijden die Cruijff
verloor.
Meestal won hij.
Met Ajax had Cruijff drie keer de Europacup
gewonnen. En een keer de wereldbeker.
Hij verdiende heel veel geld met voetballen.

Sneller

Behalve het winnen van bekers had Cruijff nog iets
bijzonders gedaan.
Hij had het spel veranderd.
Johan Cruijff had ervoor gezorgd dat er sneller werd
gevoetbald.
Hij bepaalde hoe snel de bal rondging.
Eerst een tijdje langzaam. En dan opeens snel naar
voren.
Daardoor werd de tegenstander verrast. Zo scoorde
Cruijff vaak.

Elegant

Cruijffs manier van voetballen was nieuw.

Als hij wilde scoren, rende hij heel snel naar voren.

De verdedigers probeerden de bal van hem af te pakken.

Maar Cruijff liet dat niet toe.

Hij sprong gewoon over hun benen.

Hij leek net een balletdanser.

De mensen noemden hem daarom elegant.

WK 1974

Cruijff had de wedstrijd tegen Splinter niet gewonnen.

Maar vlak daarna, op het WK in 1974, won Cruijff bijna alle wedstrijden.

Mensen uit de hele wereld vonden dat Cruijff geweldig voetbalde.

Cruijff was centrumspits. Maar dan anders.

Hij rende over het hele veld.

Soms liep hij helemaal terug naar een teamgenoot in de verdediging met de bal.

Die verdediger moest de bal dan aan hem geven.

En daarna ging Cruijff aanvallen.

Cruijff viel dus aan vanuit de verdediging.

Totaalvoetbal

Niet alleen Cruijff speelde tijdens het WK heel bijzonder.

Ook de rest van het Nederlandse Elftal.
Het leek wel of iedereen door elkaar liep.
Aanvallers verdedigden. En verdedigers vielen aan.
Het heette totaalvoetbal.
Iedereen mocht overal lopen.
Nederland viel veel aan.
En daardoor won Oranje iedere wedstrijd.
Nederland kwam in de finale.

Verschrikkelijk
Oranje speelde de finale tegen Duitsland.
En Nederland verloor.
Veel Nederlanders vonden het verschrikkelijk.
Ook Cruijff vond het verschrikkelijk om te verliezen.
Het was het enige WK waaraan hij meedeed.
Nog steeds vragen mensen aan Cruijff hoe hij het
vond om te verliezen.
We verloren die finale wel, zegt Cruijff dan. Maar de
mensen praten nog steeds over ons spel.

Terugdenken
Gerrie Splinter denkt vast ook nog vaak terug aan
het WK in 1974.
Want hij had er ook bij kunnen zijn.
Als hij vroeger net zo streng voor zichzelf was
geweest als Johan Cruijff.

Willem van Hanegem,
een voetballer die veel verdriet had

Geboren: 1944, Breskens
Toptijd: 1962-1983
Clubs: Velox, Xerxes, Feyenoord, AZ'67, Chicago
Sting, FC Utrecht
Positie beste Nederlandse elftal van alle tijden:
linker middenvelder

Willem van Hanegem voetbalt al jaren niet meer.
Toch zie je hem nog steeds vaak op tv.
Soms praat hij veel. En dan zwijgt hij weer ineens.
Niemand weet waarom hij dat doet.
Willem van Hanegem is een raadsel. En eigenlijk is
hij dat altijd al geweest.

Jeugd

Dat heeft te maken met een nare gebeurtenis uit
Van Hanegems jeugd.
Als iemand over dat drama begint, dan wordt Van
Hanegem stil.
Het lijkt dan even of hij gaat huilen.
En dat gebeurt steeds net niet.
Van Hanegem heeft nog steeds veel verdriet van
deze gebeurtenis.

Tweede Wereldoorlog

Het drama gebeurde in Breskens, in 1944.
In dat Zeeuwse dorp was Van Hanegem geboren.

1944 was het een-na-laatste jaar van de Tweede Wereldoorlog.
Nederland werd bezet door Duitsland.
Maar Engeland en Amerika probeerden Nederland te bevrijden van de Duisters.
Van Hanegem was toen nog een baby.

Bombardement

In september 1944 gebeurde er iets vreselijks in Breskens.
Er vielen bommen op het dorp.
En daarbij kwamen veel familieleden van Van Hanegem om.
Ook zijn vader en zijn oudere broertje.
Het was een verschrikkelijke gebeurtenis voor Van Hanegem.

Schuld

Allemaal de schuld van de Duitsers, vond Van Hanegem.
Hij heeft het de Duitsers nooit vergeven.
Terwijl de bommen niet eens van de Duitsers waren.
Het bombardement kwam van de Engelsen en Amerikanen.
Maar dat maakte Van Hanegem niet uit.
De Duitsers waren de oorlog begonnen.
Dus de Duitsers kregen de schuld.

WK 1974

Later als voetballer wilde Van Hanegem winnen van
de Duitsers.

Voor zijn overleden familieleden.

In 1974 had Van Hanegem zijn kans.

Met Oranje speelde hij de finale tegen de 'moffen'.

De finale van het wereldkampioenschap voetbal.

Tegen het land dat hij haatte.

O, wat zou het geweldig zijn de Duitsers te verslaan!

Daar had hij alles voor over.

Wraak

Al voor de wedstrijd stelde Van Hanegem zich voor
hoe hij zou winnen.

Daar verheugde hij zich op.

Het moest de dag worden waarop hij wraak nam.

Wraak voor zijn overleden vader en broertje.

En voor al die andere doden van Breskens.

De mooiste dag van zijn leven moest het worden.

Goal

Met die gedachten speelde Van Hanegem in de
finale van 1974.

De hele wereld moest zien hoe hij de Duitsers een
lesje leerde.

Hij, de stoere voetballer van dertig jaar.

Groot, sterk en met een originele techniek.

En het leek te lukken: Nederland maakte een goal.

Vernederen

Maar wat deed Van Hanegem?
Snel proberen nog een goal te maken?
Zodat de Duitsers het verder wel konden vergeten?
Nee. Van Hanegem deed iets anders.
Hij wilde de moffen vernederen.
Niet met doelpunten. Maar met gedrag.

Pesten

Van Hanegem liep er nonchalant bij. Dat kon hij
heel goed.
Net doen alsof de Duitsers er niet waren.
Een beetje de bal rondspelen.
Alsof hij aan het trainen was.
Niet eens de bal naar voren trappen.
Maar een beetje pielen.
Van Hanegem had veel invloed op zijn
teamgenoten.
Dus ook de rest van de ploeg deed het rustig aan.
Expres. Lekker de Duitsers pesten.

Populair

Het Nederlandse volk vond Van Hanegems gedrag
grappig.
Hij was een populaire voetballer.
Een jongen van het volk.
Willem was net als veel mensen in armoede
opgegroeid.

Daardoor was hij heel gewoon gebleven.
Veel Nederlanders begrepen waarom Van Hanegem
zich zo gedroeg tijdens de finale in 1974.

Vreemds

Maar de wedstrijd duurde nog lang.
Veel te lang voor het gepest van Van Hanegem.
En toen gebeurde er iets vreemds.
Eigenlijk was Van Hanegem er al bang voor
geweest.
Er kwam geen tweede Nederlandse goal.
De Duitsers merkten dat Oranje niet zijn best deed
om te scoren.
Daardoor kregen de Duitsers weer een beetje moed.
En ja: ook de Duitsers maakten een goal.
En daarna nog een.

Tweede drama

Toen was het te laat.
De Duitsers wonnen.
Van Hanegem had geen wraak kunnen nemen.
Erger nog: hij had er een drama bij.
Eerst al die familieleden verloren in de oorlog tegen
de Duitsers.
En nu ook nog op het WK verloren tegen de Duitsers.

Winnen

In 1975 speelde Nederland weer tegen Duitsland.

Dit keer een vriendschappelijke wedstrijd.
En weer wilde Van Hanegem winnen.
Toch verloor Nederland bijna opnieuw.
Maar door een vrije trap van Van Hanegem werd
het 1-1.
Nu deed hij het wel goed.

De Kromme

Die goal van Van Hanegem was een echte bal voor
Van Hanegem.
Hij kon de bal met een schuine boog over het
muurtje trappen.
Die schuine bogen werden 'kromme ballen'
genoemd.
Vaak schopte hij zo'n kromme bal met de
buitenkant van zijn voet.
Bijna al zijn ballen waren krom.
Daarom noemden ze hem De Kromme.
Ook liep hij vaak met een gebogen rug.
Een tweede reden om De Kromme te heten.

Trainer

Jaren later werd Van Hanegem trainer.
Als trainer won hij ook veel wedstrijden.
En hij bleef populair.
Maar Willem bleef een gevoelige plek houden.
Breskens, 1944.
Een litteken voor het leven.

Robin van Persie,

een voetballer die ooit een topper gaat worden

Geboren: 1983, Rotterdam
Toptijd: 2004-
Clubs: Feyenoord, Arsenal
Positie beste Nederlandse elftal van alle tijden:
rechtsbuiten

Robin van Persie is de enige voetballer in het beste
Nederlandse elftal van alle tijden die nog niet veel
bijzonders heeft gedaan.
Veel mensen kennen hem nog als 'die lastige
jongen'.
Maar hij is vooral een groot talent.
En hij gaat zeker een geweldige voetballer worden.

Lastig
Robin van Persie begon bij Feyenoord.
Daar was hij niet populair.
Want hij was vaak lastig.
En maakte meer problemen dan doelpunten.
Daarom kreeg hij geen basisplaats bij de
Rotterdamse club.

Teamsport
Toch vond iedereen dat Van Persie wel goed kon
voetballen.
Hij had alles in zich om een ster te worden:
Hij was lang en snel.

En hij kon heel goed voetballen.
Maar hij hield te weinig rekening met zijn
medespelers.
Hij begreep niet dat voetbal een teamsport is.
Dat je alleen samen een wedstrijd kunt winnen.

Vader

De jeugdtrainer van Feyenoord gaf vader Van Persie
de schuld.
Als het elftal van zijn zoon had gewonnen van
bijvoorbeeld Sparta, zei hij
'Van Persie-Sparta 3-0!'
En Robin van Persie mocht alles van zijn vader.
Daardoor kon hij niet omgaan met kritiek.
En hij hield zich niet aan afspraken.
De jeugdtrainer van Feyenoord zei tegen vader Van
Persie: 'Als je zoon het niet redt, is het jouw schuld.'

Arsenal

Maar Robin van Persie redde het wel.
In 2004 ging hij bij Arsenal spelen, in Engeland.
Veel mensen begrepen niet wat die club met Van
Persie moest.
Arsenal is een van de rijkste clubs ter wereld.
Waarom kocht de club niet een andere speler?
Van Persie had niet eens een basisplaats bij
Feyenoord gehad.
Hij zou alleen maar voor problemen kunnen zorgen.

Verandering

Maar bij Arsenal veranderde Van Persie.
Hij begreep eindelijk dat voetbal een teamsport is.
En begon rekening met anderen te houden.
Hij snapte dat hij samen met anderen meer kans
had om te winnen.

Bergkamp

De verandering bij Van Persie had te maken met
Dennis Bergkamp.
De *spits* Bergkamp speelde al jaren bij Arsenal.
Van Persie had veel bewondering voor Bergkamp,
een van de beste Nederlandse spitsen ooit.
Misschien wilde hij wel op Bergkamp lijken.
En gedroeg hij zich daarom steeds beter.
Want Bergkamp gedroeg zich altijd keurig.

Wenger

De trainer Arsène Wenger was ook heel belangrijk
voor Van Persie.
Wenger werd een soort vader voor hem.
Wenger gaf hem straf als hij zich niet aan de regels
hield.
Zo leerde Van Persie om zich aan afspraken te
houden.
Maar Van Persie ging ook steeds beter voetballen.
Wenger noemde Van Persie zelfs de opvolger van
Bergkamp.

Nederlands elftal

Vanaf 2005 ging Van Persie ook in het Nederlands elftal spelen.

Bondscoach Marco van Basten had meteen veel vertrouwen in hem.

Van Persie zou volgens hem een heel goede speler worden.

Ook al deed Van Persie in het trainingskamp van Oranje toen nog wel eens vervelend.

Belangrijk

Marco van Basten heeft gelijk gekregen.

Van Persie is nu een van de belangrijkste spelers voor Oranje.

Met Van Persie aan de bal is alles mogelijk.

Daarom is het spannend om naar hem te kijken.

Hij laat de bal van de ene naar de andere kant gaan.

Sneller. Langzamer. En weer sneller.

Uit de meest moeilijke hoeken kan hij naar het doel trappen.

En dan scoort hij ook nog.

Groot voetballer

Van Persie heeft alles in zich om een groot voetballer te worden.

Een voetballer die we niet meer gaan vergeten.

Houd hem in de gaten.

Marco van Basten,
een voetballer die altijd pijn had

Marco van Basten
Geboren: 1964, Utrecht
Toptijd: 1983-1992
Clubs: UVV, USV Elinkwijk, AFC Ajax, AC Milan
Positie beste Nederlandse elftal van alle tijden:
centrumspits

Marco van Basten was een van de beste
Nederlandse spitsen ooit. Hij wachtte niet tot hij
een kans kreeg. Hij maakte zelf zijn kans. Ook al
deed zijn enkel altijd pijn.

Supertalent
Marco van Basten was op jonge leeftijd al een
supertalent.
Hij speelde als spits bij Ajax.
En maakte heel veel goals

Enkel
Maar toen Van Basten 22 jaar was, gebeurde er iets
vervelends.
Van Basten had ruzie met een speler van FC
Groningen.
Met zijn benen vooruit sprong Van Basten naar die
speler.
Hij kwam verkeerd neer.
En toen was het gebeurd.

Hij zat op het gras.
En greep naar zijn enkel.
Hij had verschrikkelijk veel pijn.

Dokters

Marco van Basten stopte een tijdje met spelen.
En ging naar verschillende dokters.
Maar niets hielp.
Toen begon hij toch weer met spelen.
Maar de problemen met zijn enkel bleven.

Pijn

Van Basten ging anders voetballen.
Soms deed zijn enkel zoveel pijn dat hij niet zo hard
kon rennen.
Dan moest hij zich inhouden.
En dat begrepen veel mensen niet.
Ze vonden hem lui. Of arrogant.
Maar Marco van Basten trok zich niet veel aan van
die kritiek.

Onafhankelijk

Ondanks de pijn bleef Van Basten een goede speler.
Veel spitsen wachten tot ze een goede voorzet
krijgen.
Maar Van Basten hoefde vaak niet te wachten.
Hij zorgde gewoon voor zijn eigen kans. En maakte
het doelpunt.

Dat maakte hem onafhankelijk.
Alsof hij niemand nodig had.

Eigenwijs
Van Basten was niet alleen onafhankelijk.
Hij was ook eigenwijs.
Daarom had hij vaak ruzie met zijn trainers.
Van Basten dacht dan dat hij het beter wist.
Hadden zijn trainers daardoor een hekel aan hem?
Helemaal niet.
De trainers zagen dat Van Basten dol was op
voetbal.
Hij was een supertalent dat zorgde voor
overwinningen.

EK 1988
Van Basten bleef last houden van zijn enkel.
De eerste wedstrijd van het EK in 1988 stond hij
zelfs reserve.
Hij had toen net een operatie gehad.
Die eerste wedstrijd verloor Nederland.
Daarom speelde Van Basten toch in de wedstrijd
daarna.

Bijzonder
In die tweede wedstrijd op het EK gebeurde er iets
bijzonders.
Van Basten scoorde.

Ondanks de pijn in zijn enkel.
En daarna scoorde hij opnieuw.
En nog een keer.
Wedstrijd na wedstrijd scoorde Van Basten.
Tot Nederland Europees Kampioen was.

Beroemd

Op het EK maakte Van Basten ook zijn beroemdste goal.
In de finale tegen Rusland kwam een hoge bal zijn kant op.
Het was al in de tweede helft.
Iedereen verwachtte dat Van Basten de bal zou aannemen.
Het was er de goede plek voor. Meters schuin naast het doel van de Russen.
Toen deed Van Basten iets onverwachts.
Hij trapte de bal in een keer naar de bovenhoek van het doel.
Hij maakte een goal. Een onmogelijke goal, noemden mensen het.
Want bijna geen enkele voetballer zou vanaf die hoek gescoord kunnen hebben.

Moe

Geweldig!', riep iedereen.
Maar bijna niemand wist wat van Basten dacht toen hij scoorde.

Van Basten had gescoord omdat hij moe was.
Hij had gewoon de energie niet meer om die bal aan
te nemen.
Dan had hij een *duel* moeten aangaan
En zich moeten inspannen.
Nu was hij tenminste van die bal af.
Hij had zijn mooiste doelpunt kunnen maken
omdat hij moe was.

Beste speler

Vier jaar later moest Van Basten stoppen met
voetbal.
Het ging niet meer.
Hij had te veel pijn.
Dat was in 1992.
Marco van Basten was toen 28 jaar.
En dat is jong om te stoppen.
Van Basten werd nog wel uitgeroepen tot de beste
speler van de wereld.
Maar Van Basten had liever normale enkels gehad.
Dan had hij niet hoeven stoppen op zijn 28ste.

Rob Rensenbrink,
een voetballer die speelde op zijn gevoel

Geboren: 1947, Amsterdam
Toptijd: 1968-1979
Clubs: OVVO, OSV, DWS, Club Brugge,
RSC Anderlecht, Portland Timbers, Toulouse
Positie beste Nederlandse elftal van alle tijden:
linksbuiten

Niemand kon zo goed voetballen als Rob
Rensenbrink.
Ook Johan Cruijff niet.
Dat klinkt misschien gek.
Cruijff is volgens iedereen de beste Nederlandse
voetballer aller tijden.
Maar toch is het zo.

Hetzelfde

Cruijff en Rob Rensenbrink waren ongeveer even
oud.
Ze leken heel erg op elkaar.
Allebei waren ze mager.
Ze hadden allebei een grote neus. En lang haar.
Ook kwamen ze allebei uit Amsterdam.
En ze konden heel goed en mooi voetballen.

Koppen

Maar Rensenbrink kon net iets meer.
Hij kon ook nog koppen.

Cruijff raakte de bal nooit zo graag met zijn hoofd. Daarom kun je zeggen dat Rensenbrink net iets beter was.

Pingelaar

Toch werd Rensenbrink niet zo beroemd als Cruijff.
Cruijff begon als een *pingelaar* en werd de baas van het elftal.
Rensenbrink begon als een pingelaar en bleef een pingelaar.
Tijdens het WK 1974 speelden ze samen in het Nederlands elftal.
Iedereen had het over de aanvoerder, Johan Cruijff.
En bijna niemand had het over Rob Rensenbrink, de stille linksbuiten.

Rustig

Rensenbrink was vooral bezig met voetballen.
Voor de rest hield hij zich rustig.
Hij bemoeide zich niet met andere spelers. Of met de trainer.
Hij speelde over niemand de baas.
En hij werd bijna nooit boos over iets.
Ook niet toen hij prof werd.
En hij bij Anderlecht in Brussel ging spelen.

Slangenmens

Rensenbrink bleef doen waarin hij altijd zo goed was geweest: aanvallen.

Hij glipte langs de verdedigers.

Dan deed hij of hij naar links ging. En ging dan plotseling naar rechts.

Daarom werd Rensenbrink een slangenmens genoemd.

Hij bewoog zich snel en soepel als een slang.

Gevoel

Met Rensenbrink aan de bal wist niemand wat er zou gebeuren.

De verdediger tegenover hem ook niet.

Rensenbrink zelf vaak ook niet.

Hij speelde op zijn gevoel.

Rensenbrink wilde niet te veel nadenken.

Hij hield er niet van om over voetbal na te denken.

Hij wilde de bal hebben. En dan doen wat zijn gevoel was.

WK 1974

Voor Cruijff was voetbal juist een spel dat je speelt met je verstand.

En hij vertelde anderen wat ze moesten doen op en buiten het veld.

Op het WK van 1974 was Cruijff de aanvoerder van het Nederlands elftal.

Dus Rensenbrink moest doen wat Cruijff zei.

En hij moest van Cruijff aan de linkerkant van het veld blijven.

Vier jaar later

Vier jaar later wilde Cruijff niet mee naar het WK in Argentinië.

Daardoor speelde Nederland niet zo goed als in 1974.

Maar Rensenbrink had tijdens dat toernooi veel meer lol dan in 1974.

Nu riep niemand naar hem dat hij aan de zijkant moest blijven.

Nu mocht hij lopen waar hij wilde

Tijdens dat WK praatten heel veel mensen over hem.

Want Rensenbrink voetbalde erg goed.

Gemiste kans

Het scheelde vijf centimeter of iedereen had het nu nog over Rensenbrink gehad.

In de laatste minuut van de finale trapte hij de bal tegen de paal.

Vijf centimeter meer naar rechts. En Nederland was wereldkampioen geworden.

Dat lukte niet.

Door de gemiste kans van Rensenbrink kwam er wel een verlenging.

Daarin scoorde Argentinië twee keer. Oranje verloor met 3-1.

Tijd

Nog steeds krijgt Rensenbrink vragen over zijn bal op de paal.

Hij heeft alle tijd om antwoord te geven.

Want hij is nooit meer gaan werken.

Hij heeft geld genoeg.

En hij weet dat een gewone baan toch nooit echt leuk zal zijn.

Niet zo leuk als het werk van een slangenmens.

Woordenlijst

Aanvoerder
De leider van een elftal.

Duel
Een gevecht om de bal tussen twee spelers.

Finale
Dit is de laatste wedstrijd die gespeeld wordt aan het einde van een toernooi. Er spelen altijd twee elftallen in een finale. Het elftal dat wint, is de winnaar van een toernooi.

Halve finale
Dit is de laatste wedstrijd voor de finale.

International
Speler van interlandwedstrijden.

Linksback
Een verdediger die aan de linkerkant van het veld speelt.

Middenvelder
Een speler die een positie midden op het veld heeft.

Moffen
Een scheldnaam voor Duitsers. Vooral na de Tweede
Wereldoorlog werden Duitsers zo genoemd.

Muurtje
Spelers die naast elkaar voor het doel staan en zo
een muurtje vormen.

Pingelaar
Een voetballer die de bal te lang bij zich houdt.

Profvoetballer
Een voetballer die voetballer van beroep is. Dit kun
je ook afkorten tot 'prof'.

Spits
Een van de voorste spelers van een elftal.

Strafschopgebied
Het gebied rondom het doel.

Tweede Wereldoorlog
Van 1940 tot 1945 was Nederland in oorlog met
Duitsland. Dit was de Tweede Wereldoorlog.
Na de oorlog hadden veel mensen nog steeds een
hekel aan Duitsers. Terwijl de Duitsers die later
in Duitsland woonden niks te maken hadden
met de vreselijke gebeurtenissen in de Tweede

Wereldoorlog. Maar tijdens voetbalwedstrijden wilden veel Nederlanders toch van het Duitse team winnen. Om zo de Duitsers 'terug te pakken'.

Tackles
Iemand tackelen betekent iemand laten struikelen.

Vorm
Als je het gevoel hebt dat alles lukt.

Veldspeler
Een van de tien spelers op het veld, dus niet de keeper.

Voorzet
Een speler speelt de bal zo naar een andere speler dat die kan scoren.

leeslicht

De *Leeslicht*-reeks bestaat uit:
- *Een goeie truc* van Marjan Berk
- *Voetstappen* van Kader Abdolah
- *Een echte man* van Yvonne Kroonenberg
- *Moeder worden, moeder zijn* van Daphne Deckers
- *Het beste Nederlandse elftal van alle tijden* van Auke Kok
- *Anne Frank, haar leven*

Kijk voor meer informatie op www.leeslicht.nl.

Boeken uit de *Leeslicht*-reeks zijn te bestellen via:
Uitgeverij Eenvoudig Communiceren
Postbus 10208
1001 EE Amsterdam
Telefoon: (020) 520 60 70
Fax: (020) 520 60 61
E-mail: info@eenvoudigcommuniceren.nl
Website: www.eenvoudigcommuniceren.nl

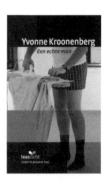

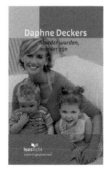